안개 가면

한영채 시집

현대시에서 펴낸 한영채의 시집

모나크 나비처럼(2021)

시인의 말

빛이 열리는 시간 뻐꾸기 운다

자연과 사람과 사람의 그들이 만나는 그

행간에서 사랑이 기웃기웃

자란다

유월 은월리에서
한영채

차 례

● 시인의 말

제1부 나무와 꽃과 돌

책 탑 ——— 10
목련에게 ——— 12
호박소 ——— 14
꽃 멀미 ——— 16
검은 숲 ——— 18
검은 차일암 ——— 19
황사 ——— 20
흙의 랩소디 ——— 22
반구대 암각화 ——— 24
하늘 바다 ——— 26
숯 ——— 28
나무와 돌과 꽃 ——— 29
우물 ——— 30
바람의 집 ——— 32
열암곡을 깨우다 ——— 34
여름 숲 ——— 36
도둑들 ——— 38

제2부 행간의 노래

끈 7 —— 42
부엌의 기분 —— 44
반가사유상 —— 46
행간의 노래 —— 48
붉다 —— 50
물의 흘림체 —— 51
분홍 찾기 —— 52
배드민턴 —— 53
무 —— 54
미황사 —— 55
섬 —— 56
항석소에서 —— 58
건봉사 노래 —— 60
수상한 안부 —— 62
뿌리 도시 —— 64

제3부 방이 필요합니다

청명 ———— 66
도윤이 콩나무 ———— 68
바람의 말 ———— 70
준희와 역선役善 ———— 71
방이 필요합니다 ———— 72
남산 폐사지 ———— 74
여우 목도리 ———— 76
하지 ———— 77
봄, 울음 ———— 78
식탁의 표정 ———— 80
굴러라 바퀴 ———— 82
극락암에서 ———— 84
다시, 동백 ———— 86
붉은 꽃 ———— 88
감자의 잠 ———— 90

제4부 붉은 피아노

상강 —— 92
일몰 혹은 일그러짐 —— 94
터널을 지나며 —— 96
산이 가득하고 —— 98
슬도 —— 100
붉은 피아노 —— 102
창문의 기분 —— 104
진앙지 —— 106
소리의 출처 —— 108
공원의 표정 —— 110
맹그로브 숲에서 —— 112
앙코르 앙코르 —— 114
을사의 봄 —— 116
春書 —— 118
화산 가는 길 —— 120
폭우 —— 122
오늘의 레퀴엠 —— 123

한영채의 시세계 | 이철주 —— 124

제1부
나무와 꽃과 돌

책 탑

둥지를 떠난 거처는
문장이 웅성거리는 기단이 되었다

두 권의 시집이 어제 왔고
낯선 시인이 쏟아 낸 말이 말을 타고 퀵퀵 달리고
내일은 중고 매장에서 다른 말이 도착할 것이고,

층층을 쌓아온 말들이 신음 중이다

어제 본 정림사지 오층 석탑이 되었다가
오늘은 정혜사지 십삼 층 석탑처럼 쌓이고 쌓여
바벨탑처럼 하늘로 쌓아 올리려나

골짜기 넓은 숲이 사라졌을지도 모를 목탑이 구석을 지킨다
슬쁜* 오감을 남기는 검은 벌레들이

미로의 광장에서 부드러운 탑을 쌓는다

이 새벽에도

불필요한 문장은 뒤엉킨 생각으로 쌓인다

저 우듬지 밖은 무엇이 쌓여 있을까
나의 기도는 첨탑을 따라가는데

뒤돌아보며 고요에 박힌 책
가던 길 멈추고 탑이 된다

* 슬픔과 기쁨.

목련에게

공원이 하얗게 내게 오는 줄 알았습니다
구석을 밝히는 거인의 부케처럼

열흘 전 작은 꽃눈 틔웠는데
바람 불어 흐린 며칠 사계절이 왔다 갑니다

올해도 저를 기다려 줄까요?
꽃비가 오는데, 전화를 주시지 그랬어요

발이 푹푹 빠지는 눈꽃을 피우고
친구는 남프랑스 고흐의 집으로 보름쯤 여행 중이고
바로 어제 불꽃이 백두대간을 덮었다는 소식에

당신을 보내고 손 흔드는
오지 않는 전화를 기다리는 것처럼

도착이 늦었군요

여기까지 오느라 비바람에 얼마나 깎였을까요

저 흰빛은 어디서 왔을까요

깨끗하다는 것이 며칠
순교하듯 툭툭 떨어지는 꽃잎
몇 장만 손 흔듭니다

부디 연락이 없더라도
희디흰 거인의 부케로 남아 주세요
앙다문 입술로 마음 씻어

깨끗하다는 아이에게
흰 부케로 남아주세요

호박소

소리 찾아 호박소 간다

아홉 구비 숲 절명의 목소리로
폭포에 사는 메아리로 온다

누군 슬프다 하고
누군 아프다 하고

어젯밤 비 다녀간 후
수직으로 내리치는 우레의 힘

진달래 떼창으로 비탈이 붉어져 있다

완창을 꿈꾸는 사월
얼었던 혈관에 피가 돈다

콸콸 연두를 싣고 내려
물오르는 소리에 산벚이 핀다

오백만 평 암반으로 누워 침묵하는
너럭바위가 소리를 듣는다

오천만 평을 깨우는 둥근 호박소
얼음골 소리꾼이다

꽃 멀미

내 이럴 줄 알았다
봄이 이빨을 갈기 시작했다

멀리서 폭설 소식이 오기 전
멀미가 오리라는 걸

꽃 소식은 오래전부터 있었다

붉게 다문 입술이 폭설로 머뭇거리다가
한 발짝 다가와 입을 반쯤 벙그는데

영취산 눈꽃 피는 날
시엄니 심술 같은 새초롬 언 얼굴로

몇 번을 움츠리다 다시 깨어난 자장매
살얼음 입에 물고 파르르 떨고 있는 청매

어깨에 둥근 망원경을 맨

사내의 찡그린 표정을 바로 잡기 바쁘다

양지에 홍매 백매는 소란하다

꽃 웃음소리가 경내 서까래와
가지 사이에 박혀

눈부신 멀미 중이다

검은 숲

　　火 지난 자리

　　검을 대로 검은 청량군 중리 2리 밑동이 탄다 청설모 두더지 노루가 흔적조차 사라진, 푸르른 청춘의 시절도 사라졌다 노루처럼 뛰었을 당신, 맑은 눈을 가진 진달래가 뭉개지고 땅 개미가 사라지고 범굴 같은 검은 연기에 누더기가 된 골짜기

　　얼룩진 산등성 산벚나무로 새싹 틔우는 봄
　　민둥산 검은 심장에 비 내린다

　　저 언덕 진달래 언제쯤 생명 돋워
　　붉게 필려나

검은 차일암

밀거나 밀리거나 아름다운 해안이 사라졌다
자리를 빼앗긴 너는 바다를 떠나고

맑은 해안 검은 차일암
여기가 시작 점인데

바람과 파도가 멈춘 곳 매미 소리 들리지 않는

미역 줄기 같았던 해안이 부서지고 깨져
곡선이 직선이 되고

강을 이루는 역한 냄새는
반세기를 벗어나지 못하는데

어쩌지 못한 그 내력 잊혀진 시간이 흐른다

코끼리로 굳어버린 바닷가 붉은 바위가
나리꽃 가면을 쓴다

황사

사진 한 장이 경고장처럼 날아든 날
그가 오고 있다

퉁퉁 부은 코끼리 걸음으로
군대가 진군하듯 황색 바람이 몰려오고 있다

캄캄한 어둠 속
앞이 보이지 않은 안개처럼
그가 이끄는 모래 태풍이 베이징을 출발했다

도시가 숨었다
산이 숨었다

빌딩이 보이지 않는다
교회 첨탑은 희미하게 눈만 껌벅이고

눈을 감고 손을 잡아야 한다
발목 잡는 누런 알갱이들이 도시를 삼킨다

나무들이 바람에 흔들린다

얼룩진 이파리가 신음 중이다

중심을 잡아야 한다고 문고리를 당긴다

소리 없이 봄을 삼킬 짙은 그 새벽

모래바람이 안개 가면을 쓰고

달려가고 있다

흙의 랩소디

산사를 거닐다 돌부리 찼다
지구가 흔들리고 표면이 부스스 흩어지며 일어난다

바위 각질이 깎이고 쌓여
먼지처럼 깊게 덮여 산사에 주저앉는다

붉은 단풍나무는 계절을 물들이는 한 철
절 마당 국화에 걸음 멈춘다

걸어온 길
돌아가는 가을 저쪽에

시간의 물소리는 다리를 놓지 않는다
천둥과 우레와 뿌리는 나무의 젖줄

뜨겁고 슬픈 시간이 지나고
빛바랜 단청 아래 태양은 빛나고

다시 그곳으로
나의 발자국이 간다

반구대 암각화

나의 뿌리는 바다에서 왔다

뿌리로 가는 길을 물으며
백학이 놀던 반구대 바위로 숨었다

햇살이 휘어진 바위틈에 창살을 꽂아
멧돼지와 사슴 고래가 농사를 짓는

태화강 바닷물 따라 혹등고래가 넘쳐흐르는
사람들은 배를 타고 흥을 돋우며
심장에 글자를 새겼다

바위 글자는 물속을 헤매다가
바람의 말을 전설처럼 전하다가

숲으로 산 지 수천 년
민낯으로 나온 지 수십 년

시간은 단단해지고 자화상은 엷어졌다
물이 필요하다 혹은 물로
나의 몸이 해체된다

사람들이 물과 다툼을 벌이는 사이
온몸이 감기처럼 콜록거린다

다시 찾은 나의 뿌리는

슬픈 고백을 안은 음각의 세계

하늘 바다

바다로 가는 길이었다

공원 트리가 생각났는지
별빛 흐르는 손짓에 길을 돌렸다

나뭇잎만 쳐다보던 다섯 살 도윤이
야 바다다~

제트 비행기가 긴 줄 긋고 달아난다
푸른 하늘에 파도가 하얗게 인다

징검다리 물수제비를 낳는 바다
큰 조개 작은 조개 부챗살 조개가 가득

진주 목걸이를 걸고픈 저물녘
붉은 노을을 가슴으로 내리고

별빛 쏟아지는 순간

아이 가슴에 무슨 일이 일어난 걸까

산과 바다가 푸름을 에워싸는 거기서

숯

글자 배우러 그녀가 온다

새순이 숲이 되는 골짜기 떠나 야간 학교 가는 길

화전火田 일구시던 아버지 거친 손길이

글자를 붉게 태운 숯으로 남아

백지에 검게 글자를 메운다

어두웠던 시간이 어둡지 않은 상처가 꽃으로 박힌다

구운 화분에 숯을 세우고 풍란을 심는다

검게 피운 꽃 그녀가 있다

나무와 돌과 꽃

새벽이 적막으로 뛰어들었다

검은 안개 숲 처진 어깨는 비처럼 들고

딸기나무 아까시 때죽나무꽃 새들의 노래가
칠불암 종을 울리는데

나무와 돌과 꽃이 사는 골짜기
광장처럼 넓은 자리를 지키는 그들 함성이
떨어지는 하얀 눈물은 혼자일까

안개는 어둠을 지우고 여기 어디쯤
오던 길 뒤 돌아보는데

칠불암 여름 숲을 걷는 사람들
조곤조곤 나누는 숲의 말들이

그림자 속으로 들어간다

우물

소리의 깊이를 가만히 내려가 보면

좁은 길 끝 황소울음 들리는

깊은 젖물이다

금척리 606번지 대문 앞 키보다 컸던 우물

오래된 돌우물 수심이 깊어져 있다

좁은 목구멍으로 버티어 온 긴 시간

거친 숨 내몰고 입술을 축이고

돌 사이 수풀 헤치고 들여다본

검은 그림자에 창공

얼마 만이니?

검푸른 이끼와

굵은 수박이 둥둥 떠 있고

감나무 아래 파문은

지난 일을 되새김질하는데

심장이 펴 울리는 울분 같은 거
먼지처럼 뒹구는 어둠 속 기억으로
황소울음 가득하다

어린 너는, 어느새 흰머리로 돌아와
퍼 올린 작아진 우물 앞에서

허물어지듯 허기져 있다

바람의 집

파도가 솟아올랐다
구멍을 들락거리는 바람은 비파 소리를 냈다

슬도를 다녀온 후
내 안에 슬도가 있다는 걸 알았다

그의 파도가 퍼렇게 몰려들었을 때
나의 심장은 철썩이고

해당화 무꽃 갯강낭콩이 먼 곳처럼 피는
벙거지 모자는 절벽으로 날았다

바람은 겉옷처럼 펄럭일까
고래의 웃음소리는 거친 파도에 파묻혀 버리고

구멍 뚫린 바위에 귀를 대고
너의 소릴 듣는다

천 개의 손으로 몰려든 바람이
등대 허릴 휘감아

뱃고동 소리에 따라나서기도

열암곡을 깨우다

거꾸로 자는 잠은 어떤 꿈을 꿀까

잠자러 열암곡 간다

수만 명이 모여도
잠 깨지 않는 마애부처님
잠이 천 년이다

열암곡 꽃샘추위 골짜기를 지키는데
소나무 사이 눈길 햇살 드는데

물소리 솔바람 소리가 마애부처님 전
복수초 노루귀가 바위 코인 양
얼굴을 내민다

뒤집혀 잠든 기적의 코

천 년 잠 깨우러

백팔 번째 올랐다는 바람의 말

오르내리는 고독의 길

골짜기 딱따구리가
목탁을 친다

여름 숲

비 갠 아침 매미가 목 놓아 운다

그 숲으로 가는 길
모자 속으로 말매미 울음이 우르르 몰려
우듬지 바람이 덩달아 운다

동쪽에서 싸르락
서쪽으로 싸르르르
솔 이파리 동서로 쓰러지는데

시베리아 어느 침엽의 거리를 맨발로 질주하는 것 같다
고개 숙여 걷는 저 여자
목줄 맨 개 한 마리 따라간다

푸른 물빛이 맨발을 간지럽힌다
밟을수록 단단해지는 진흙이 발가락 사이를 오른다

등뼈처럼 휘어진 메타세쿼이아 뿌리에

잘근잘근 맨발을 누른다

키 큰 그 숲에 말없이 걷는
그림자가 지나고 있다

도둑들

구어체 구역에 허락 없이 침범한 고것들
담장 넘어 해마다 비밀번호를 푼다

돌 틈과 화분 혹은 가슴팍까지 훔친
허공에 신고는 불가하다

이름도 성도 모른 채
꼼짝하지 않고 그냥 살기로 했다

종소리 내며 진군한 그녀, 혹은 하얀 설악초가
여름의 수갑을 뜨겁게 달궜다

담벼락에 기댄 붉은 입술이 본색을 드러내는데
어제의 성형은 없어 보인다

나의 질투는 그들을 밀어낼 용기가 없다

바짓가랑이 잡는 도둑은 나타나지 않았다

하늘에서 내려왔는지 시시덕 넌출 대는

청보랏빛 나팔 소릴 듣는다

담장 너머 집 한 채 짓는 그들

구어체 탈주로 포박한다

제2부

행간의 노래

끈 7

미나리가 상에 올랐다
무심하던 오랜 지인이 백 년 된 미나리를 들고 나타났다

백 년이라니
가늘게 이어진 연緣,

질긴 끈처럼 오월 미나리
당신의 가게가 물려준 농토의 질감

우물 옆 일어나는 혼돈의 시간을 거치며
끈으로 이은 손때 묻은 향기

왼쪽 어깨를 덮은 여자의 긴 머리칼 같은
질긴 미나리가 저녁 식탁에 올랐다

오월의 뿌리로 자란 어제의 함성
끈질기게 견딘 검푸른 미나리가

에덴동산의 마지막 정원사로 이어진 듯
푸른 끈 지키는 침묵의 세레나데

키다리 미나리 고추장에 찍어
저녁상을 씹는다

질긴 끈이 내일을 잇는다

부엌의 기분

냉장고 뒤 어둑한 창을 열어요

뒷집 풀숲 똬리 튼 뱀이 일어날까 두려워요
구겨진 숲 덩굴장미가 고개를 갸웃하네요

부엌의 기분이 환해져 옵니다

창이 창을 알아보고
풀숲으로 나가고 싶어요

냉장고가 가슴을 여네요
마늘을 저미는 소리가 밖으로 나갑니다

여름비가 잠깐 사이 쾅 소리를 내며 천둥이 되네요
재빨리 창을 닫습니다

여름이 한꺼번에 몰려오네요

젊은 여자의 앙칼진 소리
훌쩍거리는 아이의 소리

나의 휘파람 소리도 자동문처럼 넘나들었을까요?

마늘 찧는 소리에 달개비는 파랗게 웃으며
고개를 흔들며 내밉니다

까마중의 검은 젖꼭지를 볼 날이
얼마 남지 않았다고

지나가는 사람이 손을 흔듭니다

반가사유상

통도사 일주문 앞

오백 년 팽나무 등에 검버섯 활짝 피었다

등짝이 푸르스름하다

꺼칠한 거죽이 미라처럼
우레와 태풍과 햇볕과 바람을 오래 견딘

지난날이 강물처럼 흘러
한 생을 접었다

새순이 날 때마다 맑은 물방울이
심장을 적실 때도 있었지만

속 비워 머리 숙이고 등을 곧추세운 채
옛 기억을 생각하는 당신처럼

낮은 대로 기도하는 뿌리 깊은 반가사유

허공에 푸른 가슴이 뜬 눈으로
걸음마다 파고든다

행간의 노래

수북하던 말의 음계가 눈 감으면

높고 낮은 닫혔던 마음이 톱니처럼 떠돌아

말의 리듬은 마음의 조화에서 온다

날카로운 감정이 내밀하게 경계를 지우는데

벽을 넘는 싸르륵 해금 소리

둥글게 허무는 반란의 소리

물고기는 귀가 얼마나 밝은지

고둥 껍데기는 스스로 얼마나 우는 것인지

슬프거나 기쁨도 내 안의 노래이다

행간이 풀어내 심장으로 고인 말

리듬은 벽을 넘어 선禪을 탄다

붉다

강변에 개양귀비 하늘거린다

강을 건너온 시간이 붉다

중심축으로 점점 붉어지는 검은 점 하나 언제부턴가 푸르락 붉으락 피는 가장자리 검은 버섯이 귓가 주변에서 피고 지고, 양귀비 붉게 흔들릴 때마다 첫 생리를 기억하는 두 뺨에 새벽 창문을 두드리는 당신이 화끈거린다 푸르던 시간이 지고 붉게 물드는 노을이 피고 등줄기로 흐르는 정수리 물방울 요동치는 심장에 가득하다 도대체 잠이 오지 않아 이어폰 끼고 새소리로 새벽을 차단한다 충혈된 눈물로 불을 끈다 제 안 더운 시간의 무수한 감정이 교차되는 유월 개양귀비 붉다. 갱년기 지나고 있다

물의 흘림체

물 안에 든 빛이 꽃이다

물의 안쪽 숨은 당신이 몽환적이다

나뭇잎 결은 사선으로 노란 얼굴을 그리고
당신의 왼쪽이 뒤집힌 문자로 수런거리고
가지는 하얗게 부서져 당신에게 흩어지고

흙발 수련이 눈물처럼 유영하는데
사월 갤러리 안쪽이 아득하다

분홍 찾기

 그해 세계는 햇살론이 유행하였다 마스크를 끼고 산책하는 사람들 상자 속 분홍 찾기 시작은 그 녀석을 알고 난 후였다 열이 올라 홍당무가 되기까지 죽음의 골짜기를 헤맨다는데 온통 분홍 생각뿐이었다

 구석을 지키던 분홍은 어느 날 밤사이 놀라운 스타가 되고 너도나도 그 앞에 길게 줄을 섰고 인기는 하늘 값으로 올라 떨어질 줄 몰랐다 공원 네거리 서약국이나 모퉁이 양원약국 어디에도 분홍이 없다는데 솔잎 끝으로 가슴을 찌르는 그 증상이라는데 열 오른 봄밤을 어쩌지?

 흉흉한 소문에 꼭꼭 숨은 분홍은 발그레 물오른 날 더 절실하다 분홍 공주인 아이의 애교와 재치에도 아랑곳없다 골고루 먹어야지 근육은 꽃무늬 갈빗살 싱싱한 야채와 최고의 궁합이라지 검붉은 팥 주머니는 분홍을 싫어한다는군, 붉은 낯빛엔 알약을 삼켜야 하는데 한낮 겹벚꽃 거리 햇살이 최고라는데

배드민턴

공중으로 반원을 그리던 개밥바라기 별이
톡 떨어진다, 엄마 아빠는

너 치고 나 치고
나 치고 너 치고

별이 떨어지다 다시 솟아오른다

나 치고 너 치고

너 치고 나 치고

다섯 살 아이가 심판을 본다

* 아이의 말을 받아적음.

무

  무신론자인 난 보이지 않는 공空을 믿기로 했다 무싯날 화전놀이 하러 정관암 간다 바람 많은 제주 무, 땅속에 묻은 가을 무가 올린 누런 새잎이 봄이다 골짜기 뭇국을 끓이는지 바람이 싱싱하다 법당 안 법문은 금강경 공空이다 마음에 기생한 바람이나 바람든 무는 가차 없이 버려야 한다 속이 단단한 무는 깍두기 물김치 무말랭이 다양한 요리법에 무리 없다 마음의 요리를 하는 법문은 둥글게 법당 안 가득 차오른다 둥글게 공 굴리며 기도하는 마음 어느 곳엔들 생각이 머무르지 말라, 왔다 가듯 갔다가 다시 오는 계절에 금강처럼 단단해야 제격이다 도자기 물을 채우고 허리 잘린 무를 심었더니 연보라색 무꽃, 나를 비울수록 색이 깊어지는 봄 한철 무심하게 창가를 밝힌다

미황사

끝을 봐야겠다고 미황사로 갔다

땅끝에서 저녁 식사를 하고
당신의 붉디붉은 비밀을 허락한 허공은
여름 앞에 고백한다

부둥켜안은 당신에게 뒤돌아볼 틈 없이
절벽으로 뛰어내린 널브러진 말이
붉은 숲을 이루고

천만상 돌부처 염화 미소가
스며들어 꽃을 피우는 적벽으로
고백의 시간이 되고

황금 소 울음소리가
마지막 혈서처럼 낮은 곳으로

미황사 미황사
자부룩 꽃이 피네

섬

물 안을 건너온 당신은
온통 섬이다

19층 아래 눈앞에 보이는
회색 그림자

불 밝힌 눈동자들이
나를 찾아오고

섬을 찾았으나 가까워지지 않는
꿈에서 만난 사람과 손을 놓치는

당신의 손은 섬으로 떠나고
나는 아직 꿈 밖을 나오지 못한다

불면의 날들

당신이 부려놓은 물결 이후

물 위에 뜬 달처럼

섬은 더 단단해지고

항석소에서

몸을 굽혀 들어선 좁은 통로
바람이 이마를 쳤다

시간의 순들이 컴컴한 숲을 이루고
물의 손가락으로 쌓인 천 년이 굳은 뼈가 되는

천장에서 내려와 똑똑 바닥을 만진다

휘파람이 바람을 일으킨다

죽은 당신의 얼굴이 구석에서 보이고
몇 년 전에 사라진 고양이가 커튼 뒤에 숨어든
그와 약속은 잊어버리고

너는 손을 잡았고
나는 심장이 뛰었고
지폐 먹는 거북이 머리는 반들거리고

놀라워라, 어둠의 항석소
뼈의 가게를 이룬 바로크 궁전처럼

어둠 속 통로가 가장
따뜻한 빛이다

건봉사 노래

햇살 뒹구는 금강산을 걷는다

낮은 독경 소리 불이문 철책 헤맨다

입구 오백 년 팽나무가 부려놓은 이야기가
가파르게 계단을 오르고

쇠뭉치보다 강한 적멸 금강이거나
수도승의 매서운 표정도 물소리로 흐르는

누마루의 민초들 희미한 흑백 사진이 걸려
슬픈 혈의 노래로 휘감기는데

그늘을 기억하는 푸른 왕소나무는
상처 난 흔적을 지키는데

햇살 짙은 오후 노랑 아리연 꽃망울이 토해내는
흔들리는 깊은 연못의 웅웅거림

내린천 휘몰아치는 숨결 모아 가방에 넣는다

산그림자는 무리 지은 개망초와

산사 마당에서 논다

수상한 안부

주말을 앞둔 금요일 저녁
퇴직 후 반토막 난 직장을 다녀온 그가
외로움이 도지는지 화이트 소주를 찾는다

소주는 무심한 소식을 기다리고
소주의 흰 맛이 기억 너머 기억을 살려내는지
눈 감고 전화를 돌린다

— 여보세요
— 칠십 묵은 문이에요~ㅎㅎㅎ
— 어머 벌써 그렇게 됐니?
— 난 팔십 먹은 누나야

볼을 부비듯 안부를 묻는다
정이는 요즘 전화가 오냐?
전화가 왜 안 오지
덕이는 당구공처럼 잘 돌아가는지?

육 남매 첫째와 막내 사이 익살이 오가다가
엄마를 닮아가는 팔십 큰 누나에게

삐걱대는 뼈들의 안부를 묻는다

수상한 화이트 소주잔에 꽃잎 띄워
킬킬 소식을 듣는다

뿌리 도시

　건기에 뿌리 앞에 섰다 아열대 우림지를 건너는 중이다 아름드리 나뭇잎은 흔들리고 숨 막히는 소용돌이 자유를 얻은 여행자는 녹음 아래 우거진 가지를 올려본다 무성한 가지의 어머니는 뿌리였다 무엇과도 친한 뿌리는 어두운 시간이 모이는 중심이다 땅속에 엉켜 몸 낮춘 어린 풀은 질기고 길게 굳세게 퍼져 젖내나는 고요에 닿는다 바람에 날개 편 초목이 어제의 묵은 감정을 데려가 버렸다 수백 년을 건너는 동안 번개와 천둥이 휘몰아친 일이 왜 없었겠는가 햇빛과 구름과 빗방울이 깊숙한 곳 뿌리의 친화력은 단단하다 얽히고설켜도 혈맥 찾아 달리던 너의 이야기는 밀림에서 하루, 꿈을 향해 가는지도 몰라

　하나 되는 뿌리는 깊은 고백의 시간, 뿌리에서 당신의 질긴 삶의 일부를 생각한다 중심을 잡아야 중심이 선다는 것, 어머니 뱃속에서 들은 오래전 말씀, 짙은 녹음 아래 여행자인 나는 굵어진 땀방울을 풀리지 않은 뿌리에게 단단히 옮겨 담는다

제3부
방이 필요합니다

청명

　낮은 담벼락을 두고 앞뒷집 육촌이 친형제자매인 줄 알았네 95세 인동 댁 오촌 아지매가 가시는 날 봄비가 내리네 사과밭을 넓은 품처럼 거느리고 홍옥 사과나무 사이 유독 붉은 눈길 주시던 아지매 푸른 날이 있었네 그새 산천은 변하고 또 변하고 산천이 노랑 하랑 꽃밭인 오늘, 얼었던 흙 부드러운 속살로 녹아 향기로운 흙냄새 남기며 떠나시네 봉분 주변 잔디 토닥이며 멀리 사월을 밝히는 저 봄꽃들 몸 낮추어 즈려밟고 가시라네

　오봉산 자락엔 선동 댁 작은할아버지 압실 댁 아버지, 아버지의 아들인 오빠 선동 댁 할아버지의 둘째 아들인 오촌 아재 아지매 차례로 산기슭에 집을 지으셨네 봄이면 꽃이 피고 새들이 노래하는 산자락 멀리 저수지가 보이고 더 멀리에 고속도로가 뚫려 자동차 달리는 문명에 자손들 굽어볼 수 있겠네 골짜기 최고 정원이네 인동 아지매 지상의 여행으로 백 수 가까이 살다 가시니 자손들은 호상이라 하겠네

　생강나무꽃 지고 산벚나무 꽃물 오르는 청명쯤 나무는 어

린 연두 꽃으로 빚어내 다섯 개 꽃봉오리 오봉산이라네 작은댁 선동 할아버지 산소에 옹기종기 산 붓꽃이 가득하네 바윗돌 상석으로 모신 아버지 산소에 할미꽃이 여기저기 고개 숙이네 할미꽃 아버지를 본 듯 선물 같은 날이네 인동 아지매 마지막 가시는 날 충만한 봄기운 숙연함이 가득하네 오봉산 골짜기 흰나비 날아와 산소 주변을 두리번거리다 가네

도윤이 콩나무

 혼자 노는 도윤이는 콩순이와 논다. 콩순이는 쥐눈이콩 이름이다. 창가 유리병에 할머니 손길이 키운 콩나물이 푸르게 자라고, 길고 흰 다리를 늘여 여러 갈래 물속 발레를 한다 연한 잎을 하나 올리더니 기린 목처럼 길게 도윤이 손가락 두 마디쯤 부드러운 잎을 네 개 더 틔운 뒤 창틀을 따라 올라가는 간격이 시간을 잰다. 창가에서 이월이 자라고 토끼 머리띠를 한 아이 이야기가 콩나물처럼 쑥쑥 자란다

 자 여러분 콩순이를 초대해야겠어요. 오늘 요리를 시작할까요? 나무 프라이팬이 있어요. 둥근 사선으로 이어진 나뭇결을 달궈서 콩순이 친구들을 볶을 거예요. 친구들이 달아나기 전 자주 저어줘야 합니다. 저를 따라 해 보세요. 마법의 지팡이로 드르륵드르륵 한 방향으로 콩순이가 동그라미를 그리며 친구들과 숨바꼭질을 할 거예요. 통통 튀지 않게 저을 거예요. 창을 지키던 콩나물이 손을 흔들어 길을 물을지도 몰라요 어느 길이 좋을까요? 가던 길로 뒤돌아 가시면 됩니다.

저는 다시 콩순이를 불러야겠어요. 내일이 콩순이 생일이거든요. 노란 속살이 얼마나 달콤한지 아세요? 요술봉으로 빙빙 돌려서 노란 속살이 보이면 요술봉으로 다시 섞어줘야 해요. 할머니 잠깐만 기다리세요. 어때요 신기하죠 그러면 머리에서 별이 쏟아진다고 했어요 자 마법의 콩 드세요. 할머니, 노란 속살이 익은 콩을 한 줌을 가지고 달려오는 다섯 살 아이가 햇볕을 오래 삼킨 콩나물이 보라색 꽃을 피웠다고 할머니에게 귓속말을 한다. 할머니, 도윤이도 콩나무가 되어 하늘로 올라가고 싶어요.

바람의 말

바람은 예고 없이 분다
느닷없이 제주로 내려간 그녀가
밥 대신 빵으로 때운 서러웠던 서울을
바람처럼 지우고
바람 불어 뒤돌아본 날
유채 꽃술을 흔들던 바람이
검은 돌담을 넘어 잠시 맴돌기도 하는
바닷가에 주저앉아 머리칼을 날리며
오랫동안 바람 안에 머문다
정처 없이 떠난 바람의 딸로 열흘
애월 일번지를 지나는 여행자
바람이 전하는 답신을 받을 수 있을까
무슨 말 건넬까 바람은
카페 구석에서 커피를 마신다
나를 찾아 나선 가벼워진 시간
바람이 중심을 잡는다

준희와 역선役善

　삼복더위 퇴근 시간을 넘긴 그가 호적 초본을 떼 오더니 씩씩거리며 초본을 내동댕이치며 화통 같은 열기를 내뿜는다

　준희로 살다 간 어머니는 가던 길을 잃은 걸까, 하루에도 몇 번씩 손거울을 보던 엄니가, 굵은 주름 가득한 구겨진 役善으로 돌아오다니,

　준희는 어딜 가고 役善으로 오다니 役善이 누구냐고 다그쳐 묻는다

　그날 김 주사는 낮술에 취해 졸았을까, 한 획을 빼먹어 오독된 글자, 준희가 役善이 됐을까
　준희로 살다가 간 엄니는 본 적 없는 유령 役善으로 나타나 삼십 년 먼지 속 지친 얼굴을 내민 준희가 역선으로

　서로 한 몸으로 뒤돌아가는 길, 아들의 흐느낌이 안도의 숨으로 온다

방이 필요합니다

    그녀가 방으로 들어간다 비좁은 둥지에 등을 비비며 꽃을 피우던 고양이가 그녀 뒤를 따른다 도서관 꽃은 두 마리 고양이다 고양이가 뒤따른 방은 고양이 화장실이다 도서관은 그녀의 직장이고 고양이는 그녀의 상전이다 책상 위를 오르내리다 날카로운 발자국으로 꼬리를 수직으로 세워 엉덩이 실룩이며 따라다닌다 작가인 그녀보다 먼저 당당하게 방으로 들어가는 고양이는 이곳저곳 킬킬거리며 제 방이라 하고, 지난 저녁 늦은 월세를 지불한 그녀는 자신의 방이라 빡빡 우긴다 그래봤자 책상 위에 고양이 밥이 있고 구석엔 고양이 모래톱 화장실이 있으니 고양이가 주인인 게 틀림없다 방문을 열자 온몸으로 달려드는 비릿한 냄새, 얼굴 찌푸리며 창문을 거칠게 열었다 닫는다 다소곳이 진열된 고흐 그림의 커피잔을 지나던 고양이는 커피포트를 폴짝 넘으며 힐긋 돌아본다 사다리로 책장 타워로 높이 앉아 바늘귀 같은 푸른 눈동자로 경계를 한다 그녀도 저 녀석들 파란 눈빛을 쏘아 경계한다. 바흐의 음악에 졸리거나 록은 지겨워 앙칼진 발톱으로 흐르는 소리를 내리친다. 저 발바닥 어둠의 거리를 헤매던 다리 밑 기억은 잊은 지 오래, 아메리카노 향에

문혀 사는 달팽이 도서관 주인이다 나무 책장 사이 냄새가 켜켜이 쌓여 코를 비비다 알지싹*을 삼키며 읽어내는 깊숙한 생각들, 각 세우며 길들지 않는 달팽이 집 꽃, 방을 나온 그녀는 등이 시린 창가에서 다시 방을 찾는다

* 비염, 알레르기 약.

남산 폐사지

깊어진 숲으로 초록이 검은 그림자 든다

이파리 사이 햇살이 몰려드는데
어둑한 빛 발톱을 세운다

누군가 머물다 간 터였는지
무수한 생각만 일렁이는 오후다

흔적 묘연한 당신의 행방을 찾는다

입구에 돌기둥 비스듬히 섰고
남산 바위는 구겨진 색바랜 책갈피처럼
굽은 터에 이끼를 푸르게 적고 있다

지나간 시간은 바람에 잡히지 않는다

고요도 소리의 집합체일까
감실엔 누가 왔다 갔을까

돌부처는 눈을 감고 묵언 중이다

여우 목도리

흰옷을 즐겨 입으시던 아버지 겨울은 윤기 나는 꼬리 긴 목도리를 자주 하셨다 어린 나는 목도리 꼬리가 아버지의 수염 같았다 목을 좌우로 돌릴 때마다 투명한 유리알 여우 눈은 좌우로 흔들렸다 아버지는 꼬리를 만지며 긴 수염인 양 자주 쓰다듬었다 어린 손바닥도 수염인 양 결 따라 자주 쓰다듬었다 아버지는 백 년 묵은 여우라 자랑하시며 어둠이 짙은 눈 내리는 밤 묘지를 떠돌며 피를 빨아 먹는 백여우의 이야기를, 꿈을 꾸듯 들은 후 꼬리에 꼬리를 물고 다니는 여우 목도리가 무서웠다.

땅콩을 좋아하신 팔순 시엄니 백발이 윤기 나는 아버지 여우 목도리를 닮았다는 생각을 아주 잠시 한 적이 있다 그 나이가 되어 뒤돌아보니 아득히 백 년 같다는 생각이 든다

하지

  소호에서 다시 당신을 찾는다 오백 년 느티나무 푸르게 하늘을 가리는데 바람이 분다 흙먼지가 일어나 입안이 마르다 이맘때 길거리 슈퍼마켓을 찾던 당신을 찾는다 뽕나무로 숨어든 당신은 공기로 빚은 농주를 한 모금 마시고 싶다고 언덕을 오르며 빨간 물앵두 한 알로 목을 축였다 챙모자 땀에 붉게 젖고 찔레꽃 곤달개비 피는 곳을 지났으나 술을 파는 하얀 집은 보이지 않고 숲퍼마켓을 운영하기에 고헌산이 충분하다고 하지 근처 소호에서 잠시, 그늘은 걸음을 멈추게 했다 고헌산 위로주酒는 얼음골 사과보다 달다고 야생 꽃차 붉게 축이고 싶다며 찔레를 씹으며 걷던 당신, 두꺼비 우는 소리보다 더 하얗게 보이지 않는 멀고 먼 품으로 간 당신, 유월 무논이 마르게 흰 찔레꽃을 비추고 있다

봄, 울음

숲길을 걷다 올려다본 가지들

눈물이 뚝뚝 떨어질 것 같은 마른 잎사귀들
등 뒤에 떨어진다

흔들리는 여자의 비틀거리는 걸음이
가지 끝을 떠나고 있다

쓰러지지 않는 간절한 너는
울음을 깊게 끌어올리고

뿌리에서 심장까지 울부짖는 푸른 핏줄이
거리의 슬픔을 좁히는 중이고

온 산을 덮은 기쁨의 눈물이 초록이었나

비탈엔 진달래가 붉게 운다
눈물이 심장을 타고

깊은 멍울을 거칠게 털어내는 숲길

포록대는 길목, 겨울이 진다

눈물이 꽃잎이 된다

식탁의 표정

그녀가 속살을 드러낸다

산허리 비 오는 사월이었다
허리가 휘도록 둥치를 키우던 한때

큰 나무 그대로 누웠다

우거진 골짜기 숲을 걸었던 그녀의 발자국이
어느 밀림에서 왔을까
발가벗은 채 부드러운 표정이다

휘어진 허리쯤에 눈길을 보내고
그때의 고단을 생각하며 차를 마시고

웃음이 커질수록 입술 주름이 퍼지는 듯하다

옹이를 지우는 마로니에 나뭇결이
호숫가 검은 고래를 키우는

손짓하는 누운 속살이 수양버들 같다

부드러운 말차가 입맛을 당기는 사이
당신은 깊은 수렁에서 놀고

그럴수록 초록은 깊은 침잠에 들다
창밖 산허리에 구름이 걸렸다

굴러라 바퀴
— 부정맥

심장에 바퀴를 달았다

새로운 곳 막차가 달리듯
먼 혹은 가까운 곳으로 달리고 싶었다

목을 조이고 숨이 헐떡이고
왼쪽 가슴이 울퉁불퉁 눈치 없이 뛰는데

두근두근 물소리로 달리고
호흡이 호흡에
전달하지 못한 것 부정하고 싶었다

도돌이표처럼 빠르게
쿵쿵대다가 비틀거리고
모퉁이 표정은 까맣게 몰랐다

굴러야 바퀴지

당신은 당신에게 미끈하게 굴었는지
심장의 돌기가 부풀기 시작했다

산을 구르고
생각이 구르고

극락암에서

추운 날엔 통도사 말사 극락 가는
암자로 가 보라

대웅전 뒤뜰 늙은 감나무에
쪼골하고 뒤틀린 물기 사라진 홍시가
겨울의 자존심으로 걸려 있다

쫀득하고 통통하던 달콤한 젖무덤이
팽팽한 근육질로 살아나
하늘을 당기고

움츠려 말라버린 두보의 동상처럼
붉은 등신불이다

그 누구를 위한 조공인가
별도 달도 걸린다

나무 아래 입 벌려 눈감아 보지만

툭 떨어져 터 잡는 佛

씨가 佛이 되고 佛이 씨가 되는

여기가 극락이다

다시, 동백

선운사 뒷산 큰 바위 얼굴

구멍 난 이마 동불암지 마애여래좌상
나무에 걸터앉아 세상을 보는

후드득 동백꽃 피고 지는데
누가 비밀의 심장을 꺼낼 수 있을까

푸른 소나무가 흔들릴 때마다
고창 넓은 뜰에서 붉은 발톱이 일어나

천둥 내리친 어둔 우레는
누구의 숨은 손길이 닿았을까

민심의 소리 돌 속으로 퍼져
산 넘은 함성 고부 산자락이 울었다

벽을 넘은 동백은 붉기만 한데

그때가 언제였는지

선운사 마애석불 미소가
산 아래로 내려온다

붉은 꽃

석상에 붉은 꽃 피었다
건기에 밀림 속 앙코르와트

주저앉은 타프롬 성
그들 역사가 회색 구름으로 몰려온다

시간을 통째로 먹은 거대한 뿌리들
핏빛 이끼들 모여
가던 길을 멈추고 바윗돌에 기댄다

저 뿌리는 어디서 온 것인지
오래된 기둥에 주저앉아 햇살을 굴린다

뿌리에게 넘긴 무너진 역사들
카메라 샷을 수십 번 눌러 대는 오늘

순간이 오롯 찍히고 있다

천정이 뚫린 신비의 방엔
발을 굴러도
소리를 질러도
노래를 불러도 울리지 않는다고

가슴이 젖어야
소리가 일어나는 공명

울음이 깊어야 울림이 되는
새와 우레와 벌레와 바람이 사는 곳

거대한 뿌리의 광장에서
나의 뿌리를 더듬는다

감자의 잠

베란다 구석 숲을 이루는 씨눈들
세상 물정 모르고 싹 틔운 싱싱한 수작들

어둠의 시간 보내며
터 잡은 지 오래

푸른 얼룩이 묵은 잠을 덮고 있다
빛은 수다를 늘어놓으며 키를 키운다

야윈 할머니 젖무덤처럼 쪼골해진 반쪽
하얀 젖물 가늘게 밀어낸다

돌아보지 못한 생각이 자라는 동안
울음이 쌓여 마을을 이루어

미처 가 보지 못한 거친 저
언덕 누가 다 넘을까

제4부
붉은 피아노

상강

설악초 필 무렵 어린 호랑거미가 세 들었다

문패 달고 촘촘하게 집 지어
그물에 걸린 어린 나비 날개를 먹었다

전깃줄에 앉은 참새에 기웃거리다가
발자국 소리엔 푸른 이파리 뒤로 숨었다

태풍 지나 구름 흐르는 사이 몸 불린 거미는 미지의 세계를 보았는지

줄무늬 선명한 몸으로 달빛 흐릿한 날 어디론가 사라졌다

시월 읍천리 카페 입구에서 호랑거미를 만났다
언제 여기까지 왔을까

몸 불린 호랑거미는 어디로 갔을까

뒷집을 잇는 전깃줄에 어린 거미가 안부를 건네고 있다
옥상 텃밭 대 올린 상추와 상추 사이 그네를 탄다
추녀 아래 삼각 그물 촘촘히 지었다

일가를 이루었구나, 나도 모르는
인류 걱정을 네가 하는구나

다산이다, 겨울이 오기 전 온통
손에 손 잡자고 세계 향한 긴 줄을 잇는다

싸늘한 낮달이 추녀 끝 그물을 지나고 있다

일몰 혹은 일그러짐

강도 물감을 푼다

서녘 하늘이 풀어놓은 산 너머 강
낭자한 출혈이다

북쪽과 서쪽 절체절명의 찰나가
여섯 시와 일곱 시 사이를 가로지른다

저녁 강변이 가슴에 불을 붙인다
에게해에서 보았던 그 새벽 검정이 주던 감정이

마그마가 흐르는 것처럼
파랑에서 보라로 휘몰아친 붉은 시간

표현되지 않는
표현할 수 없는

지평선 혹은 붉은 강물이

가슴으로 숨어 더 붉은

닿을 수 없어 아득히 먼

시간의 표정이 서쪽으로 쏟아져
일그러지고 있다

터널을 지나며

숲 터널을 지나는 저 남자

목덜미에 산모기가
뿌린 향이 장미일까 오이일까

보이지 않는 당신의 기분이 어두워질 때
헝클어진 기분, 창이 필요하다

괴기한 복장으로 좁은 골목을 누빈 핼러윈 사람들
순대 속으로 밀린 콩나물시루처럼

어둠에 차이고 밟히고 쓰러진
노란 골목 이태원

바닥을 치고 울어도 대답 없는 슬픈 저녁 순간이
텅 빈 구멍 같은 골목을 본다

죽음의 터널을 통과했다, 아슬하게 넌

거칠고 긴 한숨이 흐른다

생각의 모호함은 헛구멍이 될 수도 있다
자작나무에 바람이 들락거리고 딱따구리 집이 있고

숲을 지나 기분은 흩어져 사라지고
끝은 시작으로 달리고

개미 행렬이 긴 터널을 떠난다

산이 가득하고

영남 알프스 산허리를 달린다
사과나무 나신들 운문댐 안에 서성인다

물속에 산이 있고 눈 속에 산이 있고

산만 눈에 들어오고 내 안에 산이 가득하고
구름이 떠도는 산 위 침묵이

산을 불러 모은다

산속에 밀양이 있고
청도가 있고 언양이 있고

당신의 침묵과 나 사이 산이 되고 산과 산 사이 산속을 뱅뱅 돌다가

봄눈 가득 먹은 산
늦은 점심을 시장통에서 먹는다

눈 속에 산이 피고 눈 안에 산이 가득하고

슬도

파도가 몰리는 날

남쪽으로 검은 떼가 파도처럼 일었고
해변으로 사람이 몰렸다

물속을 유영하는 등 푸른 정어리
아이들은 발을 구르고 허공에 소리를 지르고

회색 구름은 바쁘게 떠다니고
검은 물고기가 꼬리를 흔들며 입질을 해댔다

물의 좌우 꼬리에 수만 시선이 흔들리고
나의 등뼈가 소리를 내기 시작하고

바다를 메운 화살 같은 눈동자
파도의 등을 밀어냈다

물속 일렁이는 등 푸른 검은 떼

거친 파도가 몰려드는 해안

갯바위 푸닥거리는 순간 바구니가
슬도를 덮쳐 버렸다

붉은 피아노

나무 계단을 메운 덜컹거리는 사람들

낡은 간판에
붉게 피아노가 깜박인다

그녀가 다녀간 후
그녀가 없어도 그녀가 있다

깊고 푸른 눈에 발자국이 박혀 있다
붉은 피아노는 음악이 되고

검은 맥주를 마시고
긴 다리가 담배를 물고 커피를 마신다

한 달은 이층을 오르내릴 수 있는 피아노

당신과 자전거로 이엠나무 사이를 달리고
밀림에서 길을 잃어도 좋은

밤은 붉은 피아노 위에 멈추고
그녀가 걷던 밀림 영화의 주인공이 되고

젊은 열기가 북적이는 밤
골목마다 여름밤 캐럴이 울리고

코끼리는 피아노를 찾아 나서고

창문의 기분

북쪽 창이 환하다

흠뻑 물 먹은 안경알 맑은소리 같은
강하고 긴 푸른 팔을 흔들며
황용관*이 왔다

용관이가 왔다고
당신에게 문자를 보냈다

당신은 어떤 놈이냐고 물었다
여름 한낮 청초하게 황제의 시간을 보낸다고

며칠 더 창 안팎을 밝혔다
창문의 기분으로

용관이가 죽었냐고, 당신이 깊게 물었을 때
오리주둥이가 도도하다고 했다

어린 남동생 같은 용관이

힘이 센 황금의 향기로 왕관을 쓰고 있다

매일매일

창문의 기분으로

* 여름에 피는 난蘭 이름.

진앙지

아까시 가지가 푸르게 흔들리고
꽃잎이 떨어진다

가지로 시작된 이야기가
숲을 이루어 소문으로 날아들었다

어디서 시작된 거니

그녀의 뒤태가 최선의 선택이었다고

귀에서 입으로 전해왔을 거라고
너도 그 소리 들었니
아냐 그렇지 않아

보이는 것과 보이지 않는 것
강 건너 구름다리 지날 때까지
우격다짐은 나쁜 일이야

숙덕숙덕 숲이 회오리에 몰려다녔다

점점 풍선껌처럼 부풀어 올랐다

가장 먼 곳에서 흔들리다
아까시 꽃잎이 떨어진다

그녀가 얼룩진 꽃잎으로 떨어진다

소리의 출처

희붐한 시간 마음의 문장을 잇는다

어둠 헤치고 뻐꾸기 우는데
귀를 대지 않아도 달려오는 소리가 집을 짓는다

멀리 뻐꾸기
거실이 코 고는 사이
동백과 모과나무 사이 까마귀가 카악
포도나무 줄기 참새가 포록댄다

방안에 뒤척이는 새벽이 나의 소리를 듣는다

책장을 45페이지 넘기던 중
접어 둔 만큼 창문을 연다

어린 고양이가 자동차 엔진 소리에 잠 깨
소리가 모닝커피를 탄다

유혹은 잠깐 머무르지 않고 지나갔다

화초에 물을 주는 만큼
날마다 여름이 자라는 걸 안다

공원의 표정

공원 입구 오동나무 우뚝 섰다
겨울이 흘린 눈물이 가지에 매달려 있다

입춘 지나고 며칠 더 얼다가
검고 마른 잎 달고 선 나목들

꽃 피운 동백을 지나
버드나무 한 쌍이 입 틔워 꼬리를 흔든다
공원을 걷는 발걸음이 빨라진다

배롱나무가 헐벗은 몸, 가지를 부풀리고
겨울 외투를 입은 돌하르방
더운지 눈을 껌뻑이는데

나무 의자에 앉은 사철나무 사이
숨었다가 포로록 일어나는 참새 떼

재재잭 숨바꼭질이다

봄이 시나브로 날아든다

맹그로브 숲에서

고향을 밟지 못하는 맹그로브 사람들
단단한 물 위가 그의 고향이다

1달러를 외치는 아이가 있다

한치 아래가 보이지 않는 붉은 물에 목욕하고
스티로폼을 묶어 새우를 잡고

가두리 양식장을 얼기설기 이루어
하루의 양식을 구하고

그을린 아이의 검은 손이 숲을 키운다

낡은 수상가옥 난간이 물속으로 들어간다
잎 넓은 나무도 물속에 들어간다

울긋불긋 활짝 핀 꽃들이 물속으로 들어간다
웃통 벗은 검은 가장이 물속에 따라 들어가고

호수를 울린 노랫가락이 퍼지고 퍼져
낡은 배들은 물 위를 비추고 십자가가 보이고

숲은 그들을 품어주는 것이므로
한가하게 붉게 물들고

그들 어머니는 맹그로브 숲이다

물 위 노 젓는 검은 아이
구성진 소양강 처녀가 숲에서 흘러나온다

소양강 처녀가 눈물을 흘린다

머리에 꽃 플루메리아 장식을 해주는 1달러
꽃반지 별처럼 접어 주는 1달러

지구 어느 골목에서 만난
달러의 눈물

앙코르 앙코르

 신의 나라에서 숲을 나왔다 직각으로 올려다본 하늘, 키 큰 나뭇가지가 소란하다 손바닥보다 넓은 푸르죽죽한 이파리가 가지 위를 날아다닌다 깊어진 가을 나뭇잎이 우수수 떨어지나 했는데 아니 떨어지지 않는다 검은 이파리가 누구의 머리를 덮치려나, 다시 쳐다보는데 수십 마리 박쥐들이 날갤 펼치고 리듬에 맞추어 우우우 소릴 내 스퐁supung나무 우듬지를 옮겨 다닌다 하얀 얼룩이 바닥을 채우고

 낯선 여행자의 선물일까 해설자는 절대 이런 일 없었다는데, 겨울 태화강 떼까마귀처럼 주위를 빙빙 돌고 있다 박쥐 똥을 비처럼 맞으면 대박이라니, 신의 나라에선 어떤 대박일까, 박쥐 똥이 어떻게 생겼을까, 바닥에 떨어진 나뭇잎을 똥이라 우기는 동안, 福상 당신에게 선물을 줄까 누구의 머리통을 명중할까 접힌 핸드폰을 켜고 사진을 찍는다 1달러가 1만 달러가 될까 똥을 기다리는 복상들

 오후 2시 박쥐 날개에 웃음꽃을 달았다 멀리 신의 나라 겨울에서 여름으로 앙코르 앙코르, 대관령 흰 눈이 덮인 줄도

모르고 다시 돌아오라는데 흰 눈이 반기는 여긴, 앙코르 로또

 겨울비가 내린다

을사의 봄

　연기가 산을 삼킨 날 메마른 감정이 화산이 되고 매캐한
아침을 먹는다

　花가 번지는 火요일 마른 가지는 들불처럼 일었다
　동시다발 소나무 잔가지에 불을 지폈다

　어린 진달래가 기침을 한다
　새들은 어디로 가나 개미 다람쥐 산속
　어린 풀들 속이 검게 내린다

　숨은 영등할미가 바람개비를 돌리시나
　다시 불꽃이 피고 동을 삼키고 남쪽이 북을 삼킨다
　울주 의성 산청 청송과 영덕을 먹는다

　꼬리를 휘두르는 성난 뱀처럼 겁 없는 불꽃들
　흰 연기 붉은 연기 불꽃으로 하늘로 하늘로
　온 산을 먹어 치우듯이 봉우리로 달린다

앞이 보이지 않는다
어둠 속 밝은 저 붉음이 숨이 막히고

산천의 피가 들끓은 백 년 전, 을사의 함성처럼
바싹 마른 성난, 다시 을사년 삼월 봄

차가운 아메리카노를 벌컥 마시며
출렁이는 바다를 내려다본다

春書

눈이 푹푹 쌓인다는
먼 곳 소식이 있는 날

춘분이라는데

솔바람 서늘한 옹골진 밭에
삼월의 눈발이 어슬렁 다가서고

차가운 바람이 부드러운 봄을 몰고
가대 골짜기 밭에 쑥들이 쑥쑥
마른 갈대를 비집고 오른다

긴장 푼 흙들이 보슬보슬
달래 뿌리를 키우고

머위의 어린뿌리는 붉다
붉음이 자라 계절을 넓힌다

솔숲에서 멀리 산비둘기 운다
짝을 부르는 봄의 소리

호랑이 콩을 심는 밭고랑에
농부의 콧노래가 주저앉아 있다

상추도 뿌리 깊은 냉이도
겨울 견딘 봄동으로
쑥쑥 커 간다

화산 가는 길

　화산으로 초대다. 입춘 지나 이른 봄, 벌써 봄꽃이 폈다는 전언인지 혹은 마른날 산불이 났을지도 모를, 어쩌면 유명한 숯불 위 꽃등심을 기억하는 길, 아니 그녀가 꽃피운 잔과 바다의 글꽃이 정월 대보름처럼 우뚝 솟아 약속한 날, 새벽부터 비가 오는데 화산에선 폭설이라는 연락이 왔다. 폭설이라니 가는 길 멈칫하였지만 멈추지 않았다.

　폭설이 주는 이미지는 단단하다. 어느 시인의 폭설에서 눈길에 갇히고 싶다는 사랑의 표현이거나 혹은 폭설 속 힘들었던 기억이지만 폭설이라는 단어를 앞세우고 폭설 속으로 들어갔다. 멀리 눈 덮인 산은 아침 안개에 묻혀 보이지 않았다. 들판 모서리엔 제법 눈사람을 만들 만큼 눈이 내렸고 자동차 길은 해빙을 맞아 순조로운 길, 좁은 자동차에 한 덩치들의 폭풍 수다는 폭설처럼 쌓였다.

　강변 지나는 동안 물안개는 백색 사이렌으로 다가오고 앞을 가린 또 다른 폭설이다. 안개가 눈인지 눈물인지 잔설처럼 자욱하다. 가는 길이 덜컹거린다. 가지 말자와 가자의 투

쟁으로 가는 길이 덜컹거린다. 삶과 죽음은 한 방향이다. 그러면서 우리의 언어는 폭설처럼 쌓인다. 가는 길에 원성왕릉과 능지탑에 들렀다. 아무도 밟지 않은 왕릉 가는 눈길, 검은 우산을 든 시인이 먼저 발자국을 낸다.

 잔디에 생채기를 내던 건조 주의보는 폭설로 잠시 목마름을 해소했다. 원성 왕릉을 덮은 잔디도 오랜만에 윤기가 난다. 발이 푹푹 빠지는 왕릉을 돌며 걷는데 내 안엔 물소리가 출렁인다. 겨울 소나무 가지에 목화솜을 뿌린 것처럼 왕릉을 지키는 소나무는 한 송이 거대한 꽃이다. 발이 푹푹 빠지는 눈꽃 밭을 걷다가 이불처럼 덮인 그곳, 폭설에 한 이틀 온전히 갇히고 싶다.

폭우

밤새 골짜기는 산비탈을 타고 울었다

강물은 빛처럼 빨라지고 늪처럼 깊어지고 발목은 비틀거리고

오색으로 가는 길 백담사 돌탑이 슬픔에 잠겼다

떠밀린 어린 연꽃에 터진 봇물은 어디로 갔는지

흙발들이 탑돌이를 하는 동안

쉴 틈 없이 마른 울음을 말리는데

혼자인데 혼자가 아닌 슬픔은 사라지지 않아

칠월 땡볕은 속절없이 강을 건너며

살을 에듯 몸부림치는데

산비탈이 목놓아 운다

오늘의 레퀴엠

수십 년 누웠던 뼈가 안개를 헤치고 일어났다

황금 들판을 이룬 상강쯤이었다

어둠이 몰린 새벽 오래된 뼈는 시간의 이슬로 맺혀
빛을 보자 다시 눈이 부셨다

묘지 구석에선 홀쩍거리는 소리
중심을 이룬 뼈들은 굳은 표정으로 손을 모아 뼈를 감싸
안았다

뼈대를 이룬 뼈가 허공의 뼈에 낮은 진혼곡 들려 줄 때
바람의 뼈들이 감나무 가지를 흔들었다

늦가을
가지에 걸터앉은 대봉감이 붉게 울었다

한영채의 시세계

깨어나는 시간, 회귀하는 빛

이철주

(문학평론가)

1. 화양연화花樣年華

꽃과 빛의 아름다움을 노래하는 것은 때로 어렵지 않아 보인다. 이들은 그 자체로 아름다우며 이를 수식하기 위해 별다른 말이 필요로 하지 않는 까닭이다. 화양연화라는 표현 자체가 말해주듯 꽃과 빛은 대체될 수 없는 아름다움의 상징 그 자체일 뿐, 자신들의 아름다움을 증명하고 설명해야 하는 소급적 대상이 아니다. 그러나 이 절대적 아름다움을 그것이 뿌리내리고 있는 어둠, 즉 소멸과 죽음의 물성을 온전히 끌어안은 채로 노래하는 것은 결코 쉽지 않다. 실패와 파국의 기억이 때로 지나간 사랑의 낭만성을 적당히 보태주기도 하지만, 이는 어디까지나 아름다운 '한 때'라는 부재가 있는 그대로의 지금을 보지 못하게 만드는 그럴듯한 핑계와 구실이 되어줄 때에만 그러하다.

화양연화의 찬란함이 지금의 변절과 침묵을 옹호하기 위한 유용한 알리바이로 전락하지 않게 하기 위해서는, 한 송이의 꽃이 어떠한 겨울을 견디며 지금에 이르게 된 것인지, 어떤 죽음과 환란을 대가로 여기에 피어나게 된 것인지, 어떠한 부패의 씨앗이 그 찬연한 아름다움 속에 이미 깃들어 있던 것인지를 끝까지 정면으로 응시해야만 한다. 그럴 때에만 꽃은, 빛은, 생명은 현실의 실패와 무능과 상실을 만회하고 가리기 위한 아름다운 베일이기를 그치고, 존재 본연의 모습을 사유하고 감각할 수 있도록 우리를 이끌고 추동하는 진실의 매개가 된다.

한영채의 이번 시집은 정확히 이에 응답하고 있는 것으로 보인다. 그의 문장은 깊은 어둠을 뚫고 솟아오르는 피 맺힌 말들의 사연에 온 존재를 기울이며 한 번도 온전히 발설된 적 없는 부서진 목소리들의 심연으로 담담히 뛰어든다. 오랜 시간 견디고 버텨온 "검은 심장"(「검은 숲」)의 중심으로부터 끝없이 일렁이며 솟구치는 뜨거운 생명의 열기와 "붉은 詩"(「시인의 말」)의 기미를 말들의 번짐과 겹침 속에서 선연히 포착해 낸다. 그들이 품고 꿈꾸며 흔들리고 무너졌을, 화양연화의 찬연함과 그 해석 불가능한 덧없는 아름다움을 '꽃'이라는 붉은 상처로 봉인된 화인의 흔적 속에서 캄캄히 복원해 내려 한다. 세상의 모든 꽃이 뜨거운 울음으로, 세상의 모든 울음이 꺼지지 않는 빛으로 되살아나는 불가능한 시간의 궤적을 한영채의 시가 초대한 화양연화의 환한 기억으로부터 읽는다.

2. 봄의 중심

이번 시집에는 유독 봄과 꽃을 둘러싼 이미지들이 두드러진다. 「목련에게」, 「호박소」, 「꽃 멀미」, 「황사」, 「끈 7」, 「무」, 「봄, 울음」, 「진앙지」, 「공원의 표정」 등이 모두 봄과 관련된 시편들인데, 이들 시의 중심 소재 역시 목련, 진달래, 나리꽃, 아까시 등 봄을 대표하는 꽃인 경우가 많다. 「바람의 집」, 「여름 숲」, 「도둑들」, 「부엌의 기분」, 「소리의 출처」 등 여름 시편 역시 다수를 차지하지만 봄 시편에 비하면 덜 두드러지는 편이며, 가을과 겨울 이미지는 거의 잘 드러나지 않는다. 가을과 겨울이 내포하는 어둠과 시련의 이미지는 이 시집의 주된 무대나 배경이라기보다는 공통된 출발점이자 토대, 혹은 그 전제가 되고 있기 때문인데, 다음의 시편들은 이를 잘 보여준다.

火 지난 자리

검을 대로 검은 청량군 중리 2리 밑동이 탄다 청설모 두더지 노루가 흔적조차 사라진, 푸르른 청춘의 시절도 사라졌다 노루처럼 뛰었을 당신, 맑은 눈을 가진 진달래가 뭉개지고 땅개미가 사라지고 범굴 같은 검은 연기에 누더기가 된 골짜기

얼룩진 산등성 산벚나무로 새싹 틔우는 봄
민둥산 검은 심장에 비 내린다

저 언덕 진달래 언제쯤 생명 돋워
붉게 필려나
ー「검은 숲」 전문

밀거나 밀리거나 아름다운 해안이 사라졌다
자리를 빼앗긴 너는 바다를 떠나고

맑은 해안 검은 차일암
여기가 시작 점인데

…(중략)…

어쩌지 못한 그 내력 잊혀진 시간이 흐른다

코끼리로 굳어버린 바닷가 붉은 바위가
나리꽃 가면을 쓴다
―「검은 차일암」 부분

'검정'과 '붉음'의 대립쌍은 한영채의 이번 시집을 지탱하는 핵심 이미지 중 하나이다. "검은 연기"로 초토화된 "민둥산 검은 심장"의 적막한 풍경은 바로 옆 "산벚나무로 새싹 틔우는" "얼룩진 산등성"의 열기에 대비되어 더 초라하고 황량해 보인다. 비록 "비"만큼은 차별하지 않고 공평히 봄기운을 가득 뿌려주지만, 너무도 많은 생명을 잃은 "검은 숲"의 폐허는 그렇게 간단히 회복되기 어려워 보인다. 빛의 회귀를 위한 시인의 견고한 상상력은 바로 이 절대적 불모지의 심부로부터 시작된다. 비록 「검은 숲」에서는 "저 언덕 진달래 언제쯤 생명 돋워/ 붉게 필려나"라는 걱정과 우려의 목소리로 그치고 있지만, 이어서 인용한 「검은 차일암」에서는 그 길고 긴 황폐한 침묵 속에서도 끝끝내 "어쩌지 못한 그 내력 잊혀진 시간"이 되살아나 마침내 "나리꽃 가면을 쓴" 채 뜨겁게 일어서는 극적 회귀의 순간을 선명히 보여준다. 절대적 불모의 폐허로부터도 생명의 뜨거운 분출과 그 가능성을 이끌어 내고자 하는 시인의 의지와 상상력은 선연한 신록과 만개한 꽃의 풍경에서조차 돌이킬 수 없는 결여와 파국의 상처를, 이를 견뎌낸 마음의 참혹한 깊이를 알아차리고 위무하려는 성숙한 시적 사유로 나아간다.

온 산을 덮은 기쁨의 눈물이 초록이었나

비탈엔 진달래가 붉게 운다
눈물이 심장을 타고

깊은 멍울을 거칠게 털어내는 숲길
포록대는 길목, 겨울이 진다

눈물이 꽃잎이 된다
— 「봄, 울음」 부분

내 이럴 줄 알았다
봄이 이빨을 갈기 시작했다

멀리서 폭설 소식이 오기 전
멀미가 오리라는 걸

꽃 소식은 오래전부터 있었다

…(중략)…

꽃 웃음소리가 경내 서까래와

가지 사이에 박혀

눈부신 멀미 중이다

— 「꽃 멀미」 부분

  겨울과 봄 사이 아찔한 현기증으로 온 세상이 "눈부신 멀미"를 앓는 중이다. 봄의 "초록"은 황폐한 겨울의 참담을 건더낸 "기쁨의 눈물"이고, 진달래 꽃잎 역시 "심장을 타고" 흐르는 뜨거운 축복의 "눈물"이다. 봄의 폭발하는 생명력과 이에 기댄 회복 및 치유의 상상력은 한영채의 이번 시집을 떠받치는 핵심 동력이 되어주고 있지만, 이는 그저 그 자체로 좋고, 아름답고, 숭고한 봄의 서사를 수식하는 빈곤한 수사로 그치지 않는다. 겨울의 혹독한 한기와 냉소를 "이빨을 갈"며 아득바득 버텨온 "봄"의 독한 결의와 맹렬한 마음의 소리를 단순하고도 견고한 문장과 그 리듬에 담아 이를 읽는 이의 몸과 마음속에 선득하게 흘려 넣는다. 감각과 사유와 말의 빈틈과 허기를 한껏 끌어당기며 봄이라는 사건을, 매번 다른 표정과 눈빛으로 되돌아오는 위태로운 현기증을 뜨겁게 앓고 놓아준다. 이처럼 봄의 중심에 놓여 있는 어둠의 깊이를 끝까지 끌어안으려는

신중하고도 섬세한 사유의 깊이와 온기가 한영채 시의 '봄'을 견고하고도 특별하게 만들어 준다.

3. 빛의 뿌리

봄에 대한 사유와 꽃의 이미지는 가장 아름답고 충만했던 시절의 감각과 그 맥동을 직접적으로 소환해 내고 있다는 점에서 존재의 시원 내지 근원에 대한 상상력과도 긴밀히 연결된다. 「반구대 암각화」, 「우물」, 「바람의 집」, 「반가사유상」, 「뿌리 도시」, 「붉은 꽃」과 같은 시들이 대표적인데, 이 시편들은 하나 같이 상실되고 손상된 존재의 오래된 근원에 대해 깊이 사색하고 질문한다. 존재의 회복과 충만은 물론 가상적인 것에 불과하고 상상된 것에 지나지 않을지 모르나, 존재에 대한 시적 상상 속에서 화자와 그 말을 전해 듣는 독자들은, 단절되고 분리된 세계의 유폐된 감각으로부터 벗어나 '나'와 세계가, 근원과 우주가, 다시 의미를 획득하고 소통의 가능성을 되찾는 질적으로 다른 시간과 새로운 감각의 지평을 경험하게 된다. 다음의 시들은 이러한 시적 성찰의 주요한 계기들을 잘 보여주고 있다.

나의 뿌리는 바다에서 왔다

뿌리로 가는 길을 물으며
백학이 놀던 반구대 바위로 숨었다

햇살이 휘어진 바위틈에 창살을 꽂아
멧돼지와 사슴 고래가 농사를 짓는

태화강 바닷물 따라 혹등고래가 넘쳐흐르는
사람들은 배를 타고 흥을 돋우며
심장에 글자를 새겼다
          ―「반구대 암각화」 부분

소리의 깊이를 가만히 내려가 보면
좁은 길 끝 황소울음 들리는
깊은 젖물이다

금척리 606번지 대문 앞 키보다 컸던 우물
오래된 돌우물 수심이 깊어져 있다

좁은 목구멍으로 버티어 온 긴 시간
거친 숨 내몰고 입술을 축이고

…(중략)…

심장이 퍼 울리는 울분 같은 거
먼지처럼 뒹구는 어둠 속 기억으로
황소울음 가득하다

─「우물」부분

"나의 뿌리는 바다에서 왔다"로 시작해 "다시 찾은 나의 뿌리는// 슬픈 고백을 안은 음각의 세계"로 끝나는 「반구대 암각화」의 이야기는 '근원에 대한 갈망' 자체가 존재의 근원적 형상이 되어가는 인류학적 시간의 긴 호흡과 그 서글픈 시간의 무게를 담담히 보여준다. "뿌리로 가는 길을 물으며" 오랜 세월을 버텨온 암각화의 살아 있는 "글자"들은 시간의 세례 속에서 점차 흐릿해지고 느슨해지며 스스로의 "몸이 해체되"어가는 느낌에 사로잡힌다. 반구대 암각화 보존 문제를 둘러싼 끊임없는 소요와 소란 속에서 "온몸이 감기처럼 콜록"대지만, 역설적으로 그러한 근원에 대한 갈망과 좌절, 실패의 감각과 그 본원적 허기야말로 자신이라는 존재를 가장 잘 설명해주는 선명한 "나의 뿌리"임을 확인하게 된다.

존재의 가장 근원적 형상으로서 "슬픈 고백을 안은 음각의 세계"는 이어지는 시에서 "심장이 퍼 울리는 울분 같은" "황소

울음 들리는" "우물"의 깊은 "수심"의 모습으로 형상화되어 나타난다. "좁은 목구멍으로 버티어 온 긴 시간"은 우물 역시 간절히 바라온 '뿌리'의 세계가 있었음을, 단절과 추방 이후를 견디며 그토록 갈망해 온 오래된 마음이 있었음을 말해주지만, 그 마음은 어디에도 이르지 못한 채 존재의 깊은 "허기"만을 아프게 드러낼 따름이다. 무엇으로도 해소될 수 없는 존재의 근원적 본질로서의 "허기"는 한영채의 시에서 존재의 고유한 지문이자 인각이 되어 치유될 수 없는 상처의 아픈 자리들을 환히 비추고 위무해 준다. 이 위무와 지지, 돌봄에의 의지와 역능은 "뿌리"를 한 개체만의 것이 아닌 수많은 존재들의 허기와 갈망이, 상처와 불안이 얽히고설킨 공동의 "뿌리"로 구체화한 다음의 시에서 더 본격적으로 나타난다.

건기에 뿌리 앞에 섰다 아열대 우림지를 건너는 중이다 아름드리 나뭇잎은 흔들리고 숨 막히는 소용돌이 자유를 얻은 여행자는 녹음 아래 우거진 가지를 올려본다 무성한 가지의 어머니는 뿌리였다 무엇과도 친한 뿌리는 어두운 시간이 모이는 중심이다 땅속에 엉켜 몸 낮춘 어린 풀은 질기고 길게 굳세게 퍼져 젖내나는 고요에 닿는다 바람에 날개 편 초목이 어제의 묵은 감정을 데려가 버렸다 수백 년을 건너는 동안 번개와 천둥이 휘몰아친 일이 왜 없었겠는가 햇빛과 구름과 빗방울이 깊숙한 곳 뿌리의 친화력은 단단하다 얽히고설켜도 혈맥 찾아

달리던 너의 이야기는 밀림에서 하루, 꿈을 향해 가는지도 몰라

　하나 되는 뿌리는 깊은 고백의 시간, 뿌리에서 당신의 질긴 삶의 일부를 생각한다 중심을 잡아야 중심이 선다는 것, 어머니 뱃속에서 들은 오래전 말씀, 짙은 녹음 아래 여행자인 나는 굵어진 땀방울을 풀리지 않은 뿌리에게 단단히 옮겨 담는다
ㅡ「뿌리 도시」 전문

　「우물」의 사유가 존재의 시원을 "젖물"이라는 모성적 이미지와 연결시키면서도 그로부터 보호와 연결의 의미를 이끌어 내지 못했던 것과 달리 「뿌리 도시」에서 "뿌리"는 "무성한 가지의 어머니"로서, "어린 풀"이 가 "닿는" "젖내나는 고요"의 풍경이자 자궁의 근원적 형상으로서 구체화된다. 이 "뿌리"는 자신만의 고유한 본질이자 본성으로서의 근원을 일컫는 것이 아니라, "무엇과도 친한 뿌리"이자 모든 "어두운 시간이 모이는 중심"으로서 다치고 그늘진 세상의 모든 허기가 모여들어 함께 서로를 지탱하며 쉬어가는 모성적 공간과 그 따뜻한 연대의 힘을 상징한다. "하나 되는 뿌리"들이 만들어 낸 "질긴" 엉킴과 섞임의 감각과 그 윤리는 존재에 대한 깊은 갈망과 허기마저도 서로를 연결하고 지탱하는 견고한 힘이자 단단한 무게 중심으로 바꾸어 낸다. 세상의 모든 타자를 향한 이 끈끈하면서도 깊은 열림과 환대의 시선이야말로 한영채의 시가 기대

고 있는 가장 단단한 심적 모티프라고 할 수 있는데, 이는 다음 장에서 다루는 것과 같이 타자의 삶에 드리워진 그늘의 내력과 그 깊이를 헤아려 보고자 하는 화자의 따뜻한 시선과 성숙한 호흡으로 구체화되어 나타난다.

4. 그늘 여행자

한영채의 화자는 무엇보다 잘 듣는 자이다. 단순히 귀만 밝은 것이 아니다. 타자의 표정과 몸짓, 자세에 깃든 그림자의 점성과 질감을 누구보다 명민하게 알아차리면서도, 결코 함부로 발설해선 안 될 사연의 내력과 깊이를 가만히 헤아리고 그에 걸맞는 목소리를 심혈을 기울여 부여하고자 한다. 「붉다」, 「수상한 안부」, 「청명」, 「바람의 말」, 「준희와 역선」, 「여우 목도리」, 「하지」 등 다수의 시들이 그러한데, 이 일련의 시편들 속에서 한영채의 화자들은 타자의 그늘을 함부로 침범하지도, 넘겨짚지도, 판단하거나 외면하지도 않은 채 군더더기와 같은 해석이 필요하지 않은 선명한 이미지의 언어로, 속 맺힌 말들을 조심스레 끄집어내는 능숙하면서도 사려 깊은 대화의 기술을 보여준다. 짐짓 흘리고 간 누군가의 그늘 한 자락으로부터 그늘이 건녀온 생의 역사와 시간의 밀도를 차분하게 정련된 마음의 언어로 가만히 풀어내 본다. 한영채 시의 화자는 타자의 그늘 사이를 끊임없이 흘러 다니는 그늘 여행자다.

― 여보세요

― 칠십 묵은 문이에요~ㅎㅎㅎ

― 어머 벌써 그렇게 됐니?

― 난 팔십 먹은 누나야

볼을 부비듯 안부를 묻는다

정이는 요즘 전화가 오냐?

전화가 왜 안 오지

덕이는 당구공처럼 잘 돌아가는지?

육 남매 첫째와 막내 사이 익살이 오가다가

엄마를 닮아가는 팔십 큰 누나에게

삐걱대는 뼈들의 안부를 묻는다

수상한 화이트 소주잔에 꽃잎 띄워

킬킬 소식을 듣는다

─「수상한 안부」부분

글자 배우러 그녀가 온다

새순이 숲이 되는 골짜기 떠나 야간 학교 가는 길

  화전火田 일구시던 아버지 거친 손길이

  글자를 붉게 태운 숯으로 남아

  백지에 검게 글자를 메운다

  어두웠던 시간이 어둡지 않은 상처가 꽃으로 박힌다

  구운 화분에 숯을 세우고 풍란을 심는다

  검게 피운 꽃 그녀가 있다

―「숯」 전문

 특별할 것 없는, 사람 사는 이야기이다. 여기에는 어쩌면 새롭다고 할 만한 것이 거의 없는지도 모른다. 제 한 몸 건사하기도 바빠 가족들하고조차 연락이 뜸해진 노년의 삶도, 늦은 나이에 "글자를 배우러" 산 건너 "야간 학교"에 다니는 아름다운 이야기도 언젠가 한 번쯤 들어본, 아니 조금만 고개를 돌리면 너무도 흔히, 자주 찾아볼 수 있는 비근한 삶의 서러운 구체적 세목들일 따름이다. 하지만 바로 그와 꼭 같은 이유로 우리 삶의 너무도 많은 중요한 부분들이 온전히 감각될 수도, 발설될 수도, 그에 합당한 감정적 반응을 기대할 수도 없는 평범하고 지루한, 아무런 의미도 던져주지 못하는 무의미한 정보의 다발이 되어 끊임없이 버려지고, 도외시된다. 우리는 이 소중한 경험을 발설하지 못하게 입을 틀어막음으로써 침묵을 강요하는 게 아니라, 오히려 너무 자주, 지극히 흔하고 상투적인 방식으로 더 많이 발설함으로써 소란스러운 침묵을 만들어 낸다. 반면 좋은 시는 이처럼 너무 많이 말해진 침묵을, 그 침묵을 둘러싼 냉담한 무감각을 정확히 겨냥하고 날카롭게 공략한다.

「수상한 안부」의 경우 "육 남매 첫째와 막내 사이 익살"이 선명하게 살아 있는 대화들도 인상적이지만, "뻐걱대는 뼈들의 안부를 묻는" 장면을 잊기 어려운 선명한 이미지로 만들어 주는 것은 "수상한 화이트 소주잔에" 띄운 "꽃잎"의 존재다. 화자는 이에 대해 별다른 말을 곁들이진 않지만, 삶의 중심으로부터 어느새 밀려나 버린 것만 같은 깊은 소외와 외로움이, 그것이 오히려 더 강하게 불러일으키는 가장 밝고 깨끗하고 아름다웠던 시절에 대한 허기와 이어져, 더 많은 이야기와 슬픔과 감각들이 그 안에 오래도록 머물게 만든다. "화전火田 일구시던 아버지"의 "거친 손길"과 그 흔적을 "글자를 붉게 태운 숯"의 시꺼먼 허기 속에서 읽어내려는 화자의 마음과 의지가 없었다면, 「숯」이 불러일으키는 감동과 울림 역시 크게 반감되었을 것이다. 한영채의 문장은 가난이나 배고픔만으로는 설명할 수 없는, 아무리 발버둥 쳐도 이곳을 영원히 벗어날 수 없을 것만 같은 아득한 절망감을 수없이 쓰고 태우고 다시 쓴 그녀의 글씨 속에서 겹쳐 읽게 만든다. 삶에 깃든 타자의 그늘을 읽어내고자 하는 시인의 마음은 구체적 사연에만 국한되지 않고, 화자가 마주한 명소나 오랜 시간을 견뎌온 사물에게로까지 곧잘 확장되곤 하는데, 다음의 시들이 대표적인 경우라고 할 수 있다.

깊어진 숲으로 초록이 검은 그림자 든다

이파리 사이 햇살이 몰려드는데
어둑한 빛 발톱을 세운다

누군가 머물다 간 터였는지
무수한 생각만 일렁이는 오후다

흔적 묘연한 당신의 행방을 찾는다
―「남산 폐사지」 부분

꺼칠한 거죽이 미라처럼
우레와 태풍과 햇볕과 바람을 오래 견딘

지난날이 강물처럼 흘러
한 생을 접었다

새순이 날 때마다 맑은 물방울이
심장을 적실 때도 있었지만

속 비워 머리 숙이고 등을 곧추세운 채
옛 기억을 생각하는 당신처럼

낮은 대로 기도하는 뿌리 깊은 반가사유

허공에 푸른 가슴이 뜬 눈으로
걸음마다 파고든다

―「반가사유상」 부분

 "폐사지"의 황량한 풍경과 "반가사유상"의 한껏 그늘을 머금은 자세는 화자로 하여금 무수히 많은 상상과 추측을 하도록 추동한다. "초록" 숲의 싱그러움이 "검은 그림자"를 품고 일순간 낯설게 "깊어"질 때에, "반가사유상"의 "머리 숙이고 등을 곧추세운" 자세가 "우레"와 "태풍"과 "햇볕"과 "바람"의 길고 긴 역사와 고된 "한 생"의 존재를 이끌어 낼 때에, 시는 마주한 사물에 기대어 쓴 감각의 자동 연쇄와 상상의 단순 확장이기를 멈추고, 지금을, 여기를, 내일을 견디고 버텨온 세상 모든 존재들을 위한 하나의 사건으로, 열림의 뜨거운 포옹으로 변모한다. 그렇게 오래도록 잠들어 온 충만함의 시간이 조심스레 깨어난다. 멀리 추방된 빛의 파편들이 "걸음마다" 깊이 "파고" 들어와 자신들의 존재를 온 마음과 온 세상에 부서질 듯 뜨겁게 알린다. 심장의 무딘 근육을 찢고 비틀어 존재의 가장 깊은 허기에 읽는 이를 정면으로 노출시킨다. 세상의 모든 봄이, 봄이 품고 있던 세상의 모든 겨울이 조금씩 되돌아온다.

5. 깊은 표면

한영채의 시는 상실된 근원과 그 시원의 세계에 깊은 관심을 보이지만, 이는 어디까지나 감각적으로 현현된 '깊은 표면'에 대한 관심 속에서만 그러하다. 이를 굳이 '깊은 표면'이라 일컫는 이유는, 그의 시에서는 표면으로서의 '깊이' 외에 다른 깊이를 찾아보기 어렵기 때문이다. 그의 문장은 생의 표면 아래 깊숙이 가라앉아 있는 "뿌리"로서의 근원을 지향하지만, 이것이 곧 선험적으로 존재하는 본질이나 생명의 숭고함 그 자체에 대한 긍정을 의미하는 것은 아니다. 그의 문장 속에서 "뿌리"는 그것이 "어디서 온 것인지/ 오래된 기둥에 주저앉아 햇살을 굼"(「붉은 꽃」)리는 구체적이고 표면적인 행위 속에서

만 존재하며, 그 근원에 대한 강렬한 갈망 역시 존재가 "얼룩진 꽃잎으로 떨어"(「진앙지」)지는 지극히 표면적인 감각과 이미지를 매개로 해서만 형상화된다.

 한영채의 시는 이미 상실되고 파괴된 세계의 중심으로부터, 아득히 먼 봄의 중력이 소용돌이치는 미세한 기미와 그 흔적들을 발굴해 내고, 이로부터 생애 가장 뜨거웠던 시절의 투명한 열기를, 훼손될 수 없는 존재 본연의 고유한 목소리를 복원해 내려 한다. 한영채의 시에서 봄과 꽃은 사라진 과거나 훼손된 본질 자체를 의미하지 않는다. '화양연화'라는 말이 암시해 주듯 이미 지나간 시간은 결코 돌아오지 않기 때문이다. 그러나 이 아름답고 선연한 꿈은 한때 우리의 전부였고 세계의 전부였던 가장 순일하고도 뜨거웠던 순간에 대한 간절한 기도와 열망 속에서 몇 번이고 되돌아올 수 있다. 한영채의 시는 봄을, 꽃을, 그 찬란한 존재의 열림을 지금 이곳에 되살려내기 위해 무한히 깊은 표면들로 받아 적은 종결될 수 없는 꿈과 그 실패의 기록들이다.

| 한영채 |

경주에서 출생했다. 2006년 『문학예술』로 등단하였으며, 시집 『모량시편』 『신화마을』 『모나크 나비처럼』이 있다. 2016년 『신화마을』이 세종도서 문학나눔으로 선정되었으며 2016, 2018, 2021, 2025년 울산문화재단창작기금을 수혜했다.

이메일 : hyc0114@hanmail.net

현대시 기획선 133
안개 가면

초판 인쇄 · 2025년 8월 10일
초판 발행 · 2025년 8월 15일
지은이 · 한영채
펴낸이 · 이선희
펴낸곳 · 한국문연
서울 서대문구 증가로29길 12-27, 101호
출판등록 1988년 3월 3일 제3-188호
편집실 | 서울 서대문구 증가로31길 39, 202호
대표전화 302-2717 | 팩스 · 6442-6053
디지털 현대시 www.koreapoem.co.kr
이메일 koreapoem@hanmail.net

ⓒ 한영채 2025
ISBN 978-89-6104-391-5 03810

* 이 도서는 울산광역시, 울산문화관광재단 〈2025년 예술창작활동 지원사업〉의 지원을 받아 발간되었습니다.

값 13,000원

* 잘못된 책은 바꾸어 드립니다.